신한미 지음

차례

이 책의 사용법

알아보아요

그 과의 핵심어휘를 그림과 함께 알아 보아요.

그림단어

그림을 통하여 배우게 될 내용을 미리 떠올려보며 새로 나오는 단어를 익힙니다.

대화본문

친구들의 일상생활을 들여다 보며 중국어를 즐겁게 말해봅니다.

 배워 보아요

상황에 어울리는 대화문을 익혀요.

 말해 보아요

배운 표현을 활용하거나 응용표현을 익힐 수 있어요.

응용표현

예문을 통해 주요 어휘나 문장을 다시 한번 익힙니다. 여러 번 반복해서 말하기를 통하여 중국어에 대한 자신감을 키울 수 있습니다.

 불러 보아요

그 과에서 배운 내용을 노래나 챈트로 즐겁게 따라해요.

노래

즐겁게 노래를 따라 부르면서 배운 내용을 다시 한 번 복습합니다. 친숙한 멜로디에 중국어 가사를 입혀서 문장을 통째로 익히니 중국어가 쉬워집니다.

 **함께 놀아요**

재미있는 게임과 활동으로 신나게 체험하며 배워요.

놀이활동

아동의 발달 특성에 맞춘 신체 활동 및 다양한 조작 활동은 학습자에게 지속적으로 호기심을 자극하여 중국어 시간이 더욱더 재미있어집니다.

 **연습문제**

듣고, 고르고, 써 보며 재미있게 복습해요.

연습문제

읽기, 말하기 연습에 더하여 듣기 훈련을 통해 배운 내용을 다시 한번 복습합니다. 간단한 쓰기 연습으로 한자나 병음을 익힐 수 있습니다.

 **중국의 문화**

중국의 문화를 하나 하나 배워나가요.

문화

중국 문화에 대한 간단한 상식을 통하여 이웃 나라 중국에 대한 이해를 한층 더 높일 수 있습니다. 문화와 관련된 다양한 활동을 통하여 말하기 실력을 키울 수 있습니다.

 **MP3 음원**
휴대폰에서 바로 들을 수 있어요.

다애 多爱
(Duō'ài)

호기심이 많고 적극적인
성격을 지녔어요.

지명 知明
(Zhīmíng)

친절한 성격으로 주위에
친구들이 많아요.

민주 民珠
(Mínzhū)

조용한 성격에 수줍음이 많지만,
친구를 좋아하고 그림 그리기를
좋아해요.

대한 大韩
(Dàhán)

운동을 매우 좋아하고 활달한
성격이에요.

01
第一课

Jīntiān jǐ yuè jǐ hào?

今天几月几号? 오늘 몇 월 며칠이야?

jǐ
几

yuè
月

hào
号

jīntiān
今天

학습포인트 날짜를 묻고 대답해 봅시다.

① Tóngxuémen, jīntiān jǐ yuè jǐ hào?

② Wǔ yuè sì hào.

Tóng xué men, jīn tiān jǐ yuè jǐ hào?
同学们, 今天几月几号? 여러분, 오늘 몇 월 며칠이죠?

Wǔ yuè sì hào.
5月4号。 5월 4일이요.

단어
今天 jīntiān 오늘
几 jǐ 몇
月 yuè 월
号 hào 일(날짜)

❸ Nà míngtiān shì Értóngjié ba?

❹ Duì duì.

Nà míng tiān shì Ér tóng jié ba?

那明天是儿童节吧? 그럼 내일이 어린이날이네?

Duì duì.

对对。 맞아 맞아.

단어

那 nà 그러면, 그렇다면
儿童节 Értóngjié 어린이날
吧 ba 추측이나 의문을 나타냄
对 duì 맞다

"오늘 몇 월 며칠이야?"는 "Jīntiān shì jǐ yuè jǐ hào?" 라고 말해요. 회화에서는 '是shì'(~이다)를 빼고 말하기도 해요.

오늘은 몇 월 며칠이에요?
Jīntiān jǐ yuè jǐ hào?

오늘은 5월 7일입니다.
Jīntiān wǔ yuè qī hào.

Jīn tiān jǐ yuè jǐ hào?
今天几月几号?

Jīn tiān wǔ yuè qī hào.
今天五月七号。

Jǐ yuè jǐ hào?
几 月 几 号 ?

Ér tóng jié Ér tóng jié jǐ yuè jǐ hào?
儿 童 节 儿 童 节 几 月 几 号 ?

Ér tóng jié Ér tóng jié wǔ yuè wǔ hào.
儿 童 节 儿 童 节 五 月 五 号 。

Shèng dàn jié Shèng dàn jié jǐ yuè jǐ hào?
圣 诞 节 圣 诞 节 几 月 几 号 ?

Shèng dàn jié shí ' èr yuè èr shí wǔ hào.
圣 诞 节 十 二 月 二 十 五 号 。

어린이날, 어린이날은 몇 월 며칠이야?

어린이날, 어린이날은 5월 5일이야.

성탄절, 성탄절은 몇 월 며칠이야?

성탄절은 12월 25일이야.

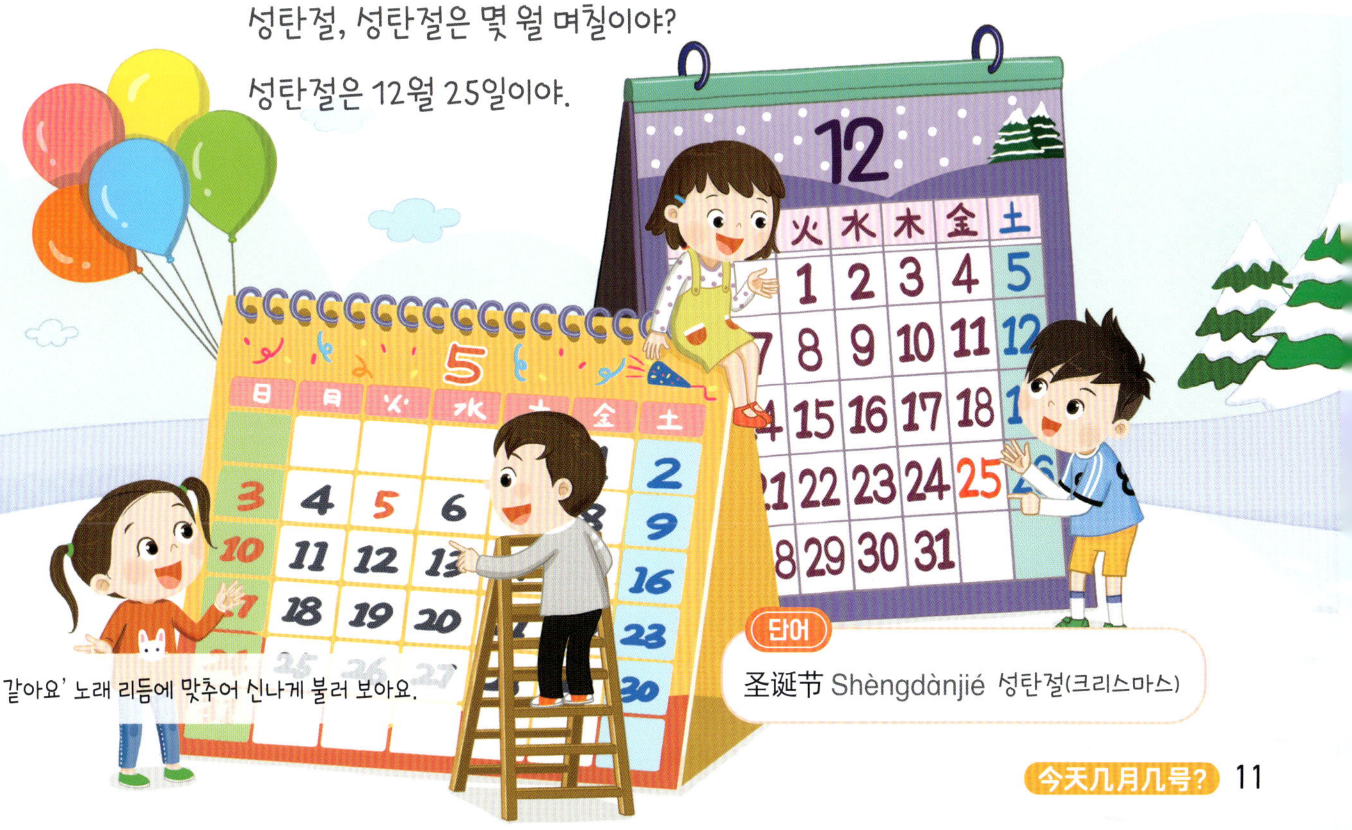

● '똑 같아요' 노래 리듬에 맞추어 신나게 불러 보아요.

단어

圣诞节 Shèngdànjié 성탄절(크리스마스)

yìqǐ wánr
一起玩儿 함께 놀아요

369 숫자 놀이

놀이 방법

열 명 이내의 인원으로 모둠 인원을 만든 다음, 원을 그리듯 둘러 앉아요. '이 얼 싼 쓰' 차례대로 중국어로 말합니다.

1단계 - 3, 6, 9가 나올 때는 숫자를 말하는 대신에 박수를 쳐야 해요.

숫자 30의 경우 박수 한 번, 33이나 39의 경우 박수 두 번을 쳐요.

2단계 - 10, 20, 30일 때도 3, 6, 9와 마찬가지로 박수를 쳐요.

Tip 수준에 맞게 게임의 단계를 조절해 주세요.

zuò yi zuò
做一做 풀어 보아요

1

① 우리말 뜻을 보고 빈칸에 들어갈 알맞은 글자를 보기에서 찾아 써 넣으세요.

❶  몇 월 며칠이야?

☐ yuè ☐ hào?

❷  어린이날

Értóng ☐

보기

Jǐ

jié

jǐ

tiān

❸ 明天 내일

míng ☐

② 순서에 맞게 병음 스티커를 붙여 문장을 완성해 보세요.

❶ 오늘은 3월 8일이야.

③ 잘 듣고 들려주는 내용과 그림이 일치하면 ○표, 그렇지 않으면 X표 하세요.

❶  五月三号 ☐

❷  五月五号 ☐

추석에는 월병을 먹어요.

중국의 가장 큰 명절은 우리나라와 같이 설날과 추석이라고 할 수 있어요. 중국에서는 음력으로 두 명절을 지내기 때문에 우리나라의 음력 설날과 추석 날짜가 같아요. 중국의 설날은 춘지에(春节 chūnjié)라고 하는데 물만두의 하나인 쟈오즈(饺子 jiǎozi)를 먹습니다. 추석은 쫑치우지에(中秋节 Zhōngqiūjié)라고 하는데, 많은 사람들이 위에빙(月饼 yuèbīng)을 선물로 주고받아요.

● 월병을 예쁘게 색칠하고, 부록 오리기를 활용하여 월병을 만들어 보세요.

Hánguórén
韩国人

Měiguórén
美国人

Zhōngguórén
中国人

① Nǐ shì Hánguórén ma?

② Shì, wǒ shì Hánguórén.

Nǐ shì Hán guó rén ma?
你是韩国人吗？
넌 한국인이니?

Shì, Wǒ shì Hán guó rén.
是，我是韩国人。
응, 난 한국인이야.

❸ Nǐ péngyou yě shì Hánguórén ma?

❹ Bú shì, tā shì Zhōngguórén.

Nǐ péng you yě shì Hán guó rén ma?
你朋友也是韩国人吗?
너 친구도 한국인이니?

Bú shì, tā shì Zhōng guó rén.
不是，她是中国人。
아니야, 중국인이야.

단어
韩国人 Hánguórén 한국인
中国人 Zhōngguórén 중국인

shuō yi shuō
说一说 말해 보아요

08

나라 이름 뒤에 '人(rén)'을 붙이면 '그 나라 사람'이라는 뜻이 됩니다.

그는 어느 나라 사람이야?
Tā shì nǎ guórén?

그는 미국 사람이야.
Tā shì Měiguórén.

Měiguórén
美国人

Zhōngguórén
中国人

Hánguórén
韩国人

Yìndùrén
印度人

Rìběnrén
日本人

Tā shì nǎ guó rén?
他是哪国人?

Tā shì Měi guó rén.
他是美国人。

단어

美国人 Měiguórén 미국인
印度人 Yìndùrén 인도인
日本人 Rìběnrén 일본인

Nǎ guó rén?
哪 国 人 ？

Nǐ shì nǎ guó rén?
你 是 哪 国 人 ？

Nǎ guó rén?
哪 国 人 ？

Wǒ shì Hán guó rén.
我 是 韩 国 人 。

Hán guó rén.
韩 国 人 。

Nǐ péng you yě shì Hán guó rén ma?
你 朋 友 也 是 韩 国 人 吗 ？

Bú shì, tā shì Zhōng guó rén.
不 是 ， 她 是 中 国 人 。

넌 어느 나라 사람이야?
난 한국 사람이야,
너의 친구도 한국 사람이야?
아니야, 중국 사람이야.

어느 나라 사람이야?
한국 사람이야.

● '나처럼 해봐라' 노래에 맞추어 신나게 불러 보아요.

yìqǐ wǎnr
一起玩儿 함께 놀아요

사방치기 놀이

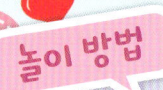
놀이 방법

두 모둠으로 나누어 순서대로 한 사람씩 나와서 1번 칸부터 시작합니다.

해당 칸에서는 나라 이름을 큰 소리로 말해야 합니다. 글자에 발이 닿지 않도록 규칙을 정하여도 좋습니다.

1,2번 중국 / 3번 한국 / 4,5번 미국 / 6번 일본 / 7,8번 인도

Yìndù
7

印度
8

Rìběn
6

Měiguó
4

美国
5

Hánguó
3

Zhōngguó
1

中国
2

● 부록 오리기에 있는 나라 이름 활동지를 떼어내어 자유롭게 활동해 봅시다.

做一做 풀어 보아요

① 다음 빈칸에 들어갈 병음을 보기에서 찾아 쓰고 국기 스티커를 붙이세요.

2

나라 이름	국기	그 나라 사람
韓◯国◯		韓◯国◯人◯
中◯国◯		中◯国◯人◯
日◯本◯		日◯本◯人◯

보기
    Hán   guó   Zhōng   Rì   rén   běn

② 문장을 읽고 알맞은 것끼리 선으로 이으세요.

❶ Nǐ shì Hánguórén ma?   ●   ● 넌 한국인이니?

❷ Wǒ yě shì Hánguórén.   ●   ● 우리 엄마는 중국인이야.

❸ Wǒ māma shì Zhōngguórén. ●   ● 나도 한국인이야.

③ 잘 듣고 관계있는 그림 스티커를 붙이고 아래 빈칸을 완성하세요.

❶    ❷    ❸

Wǒ shì ____   Wǒ shì ____   Wǒ shì ____

我是韩国人 21

중국의 4대 발명품

중국의 4대 발명품에 대해 알아보아요.

이것은 세계 최초로 발명한 중국인들의 큰 자랑거리이기도 합니다.

> **하나.** 남쪽과 북쪽의 방향을 가리키는 나침반
>
> **둘.** 글씨를 쓰거나 책을 만드는 데 사용되는 종이
>
> **셋.** 책을 찍어내는 인쇄술
>
> **넷.** 폭죽, 총, 포탄 등에 사용되는 화약

정말 놀랍죠? 위의 네 가지 발명품들은 모두 아주 오랜 옛날 중국에서 만들어진 것들이랍니다.

중국인들이 발명한 이 물건들은 이후에 세상을 많이 변화시켰어요.

Nǐ qù nǎr?
你去哪儿？ 어디 가?

11

xuéxiào
学校

túshūguǎn
图书馆

3

nǎr
哪儿

qù
去

gōngyuán
公园

학습포인트 장소를 나타내는 말을 익히고, 어디에 가는지 묻고 답해 봅시다.

① Nǐmen qù nǎr?

② Wǒmen qù gōngyuán.
Yìqǐ qù ba!

Nǐ men qù nǎr?
你们去哪儿?　　　　　너희들 어디 가니?

Wǒ men qù gōngyuán.　　Yì qǐ qù ba!
我们去公园。一起去吧!　우린 공원에 가. 같이 가자!

단어

去 qù ~에 가다
哪儿 nǎr 어디(어느 곳)
公园 gōngyuán 공원
一起 yìqǐ 같이
吧 ba ~하자(권유)

3

④ **Hǎode. Zàijiàn!**

③ **Wǒ yào huíjiā.**

Wǒ yào huí jiā.
我 要 回 家 。　　　난 집에 가야 돼.

Hǎo de.　　Zài jiàn!
好 的 。 再 见 ! 　　응, 그래. 잘 가!

단어

要 yào ~해야 한다
回家 huíjiā 집에 가다
好的 hǎode 좋아

● 자기 집으로 돌아갈 때는 '去(qù)'가 아닌 '回(huí)'를 써요.

你去哪儿? 25

"你去哪儿?(Nǐ qù nǎr?)"은 "어디에 가니?"라는 표현으로 여기에서 '哪儿(nǎr)'은 '어디, 어느 곳'이라는 뜻의 장소를 묻는 말이에요.

넌 어디 가니?
Nǐ qù nǎr?

나 도서관에 가.
Wǒ qù túshūguǎn.

Wǒ qù túshūguǎn.

Wǒ qù xuéxiào.

Wǒ qù shūdiàn.

Wǒ qù chāoshì.

Wǒ huíjiā.

Wǒ qù gōngyuán.

Nǐ qù nǎr?
你去哪儿?

Wǒ qù tú shū guǎn.
我去图书馆。

단어
图书馆 túshūguǎn 도서관
学校 xuéxiào 학교
书店 shūdiàn 서점
超市 chāoshì 슈퍼마켓

 14

Xiǎo bái tù
小 白 兔

3

Xiǎo bái tù xiǎo bái tù
小 白 兔 小 白 兔

nǐ yào qù nǎ - li?
你 要 去 哪 - 里 ？

Bèng bèng tiào tiào pǎo ya pǎo
蹦 蹦 跳 跳 跑 呀 跑

Nǐ yào qù nǎ - li?
你 要 去 哪 - 里 ？

산토끼 토끼야
어디를 가느냐?
깡충깡충 뛰면서
어디를 가느냐?

● '산토끼' 노래에 맞추어 신나게 불러 보아요.

단어

小白兔 xiǎo báitù 산토끼
蹦蹦跳跳 bèng bèng tiào tiào 깡충깡충
跑 pǎo 뛰다

어디에 갈까요? 장소 맞추기 게임

준비물 : 활동자료 장소 단어 카드

Wǒ qù nǎr?

활동 방법

활동자료에 있는 단어카드를 보이지 않게 접어서 상자에 넣습니다. 한 사람씩 카드 한 장을 뽑은 다음, 카드의 그림을 보고 중국어나 우리말로 힌트를 주고 나서 Wǒ qù nǎr? 하고 물으면 친구들이 Nǐ qù _____. 하고 장소를 맞추는 게임입니다.

zuò yi zuò
做一做 풀어 보아요

1 우리말 뜻을 보고 바른 문장이 되도록 병음을 순서대로 바르게 쓰세요.

❶ 넌 어디 가니?   qù   Nǐ   nǎr   ?

3

❷ 난 집에 가.   huí   Wǒ   jiā   .

❸ 난 학교에 가.   xuéxiào   qù   Wǒ   .

2 아래 암호를 풀어 나오는 병음을 적고 그 뜻을 쓰세요.

✿	♥	◗	❀	✤	🍬
j	h	í	ā	u	i

♥✤◗✿🍬❀   병음 _____   뜻 _____

3 잘 듣고 그림과 일치하면 ○, 틀리면 X표 하세요.

你去哪儿? 29

중국의 유명한 도시

중국에서 가장 큰 도시는 중국의 수도인 베이징(北京 Běijīng)과 세계적인 경제도시 상하이(上海 Shànghǎi)라고 할 수 있어요. 이 두 도시는 모두 인구가 천 만이 넘는 큰 도시예요.

한편, 역사적으로 유명한 도시로는 시안(西安 Xī'ān)과 뤄양(洛陽 Luòyáng)이 있어요.

이 두 도시는 역사적으로 오랜 세월에 걸쳐 중국의 지도자들이 수도로 삼은 곳이기 때문에 귀중한 문화 유산이 많답니다. 시안에는 진시황릉과 병마용이 있고, 뤄양에는 소림사와 용문 석굴이 유명하답니다.

❶ Míngtiān xīngqī jǐ?

❷ Míngtiān xīngqīliù.

❸ Míngtiān bú qù xuéxiào. Wǒmen yìqǐ wánr ba!

❹ Hǎo de.

Míng tiān xīng qī jǐ?
明天星期几? 내일은 무슨 요일이야?

Míng tiān xīng qī liù.
明天星期六。 내일은 토요일이야.

Míng tiān bú qù xué xiào.
明天不去学校。
내일 학교에 안 가.

Wǒ men yì qǐ wánr ba!
我们一起玩儿吧！
나랑 같이 놀자!

Hǎo de.
好的。
좋아.

단어
星期 xīngqī 요일
星期六 xīngqīliù 토요일
玩儿 wánr 놀다

shuō yi shuō
说一说 말해 보아요

 🎧 18

중국에서는 숫자를 사용하여 요일을 표현해요.
무슨 요일인지 물어볼 때는 "星期几?(Xīngqī jǐ?)"라고 해요.

오늘은 무슨 요일이야?
Jīntiān xīngqī jǐ?

오늘은 수요일이야.
Jīntiān xīngqīsān.

오늘은 무슨 요일이니?
Jīntiān xīngqī jǐ?

오늘은 토요일이에요.
Jīntiān xīngqīliù.

Jīn tiān xīng qī jǐ?
今天星期几?

Jīn tiān xīng qī sān.
今天星期三。

Jīn tiān xīng qī jǐ?
今天星期几?

Jīn tiān xīng qī liù.
今天星期六。

chàng yi chàng
唱一唱 불러 보아요

19

Xīng qī   jǐ?
星　期　几？

Jīn   tiān xīng qī   jǐ?
今　天　星　期　几？

오늘은 무슨 요일?

Jīn   tiān xīng qī   yī.
今　天　星　期　一。

오늘은 월요일.

Míng tiān xīng qī   jǐ?
明　天　星　期　几？

내일은 무슨 요일?

Míng tiān xīng qī   èr.
明　天　星　期　二。

내일은 화요일.

월요일, 화요일, 수요일, 목요일,

금요일, 토요일, 그리고 일요일.

Xīng qī   yī,   xīng qī'èr,   xīng qī sān,   xīng qī sì,
星　期　一，星　期　二，星　期　三，星　期　四，

xīng qī wǔ,   xīng qī liù,   hái yǒu   xīng qī tiān.
星　期　五，星　期　六，还　有　星　期　天。

단어

还有 háiyǒu 그리고

● '그대로 멈춰라' 노래에 맞추어 신나게 불러 보아요.

4

탱탱볼 게임

준비물 : 탱탱볼, 부록의 머리띠

星期三

星期六

星期一

星期二

星期五

星期天

星期四

놀이 방법

7명이 한 모둠을 만들어 둥글게 안을 보고 섭니다. 서로 공을 주고 받으며 '월화수목금토일'을 중국어로 말하는 게임입니다. '일요일'을 마지막으로 말한 친구가 손을 들고 월요일부터 일요일까지 모두 말하게 하거나 거꾸로 말하게 할 수도 있습니다. 공을 떨어뜨리면 처음(월요일)부터 다시 시작해야 합니다.

zuò yi zuò

做一做 풀어 보아요

  **20**

4

① 다음 보기에서 알맞은 병음을 골라 단어를 완성해 봅시다.

❶ 무슨 요일이야?

X ◯ ng q ◯ j ◯ ?

❷ 수요일이야.

X ◯ ng q ◯ s ◯ n.

❸ 학교에 안 가.

Bú qù xu ◯ xiào.

보기

ī   ǐ   ā   é

② 다음 대화문을 읽고 빈칸을 채워 문장을 완성하세요.

A: Jīntiān xīngqīsān. Míngtiān xīngqī jǐ?

B: Míngtiān _____ .

③ 잘 듣고 알맞은 한자 스티커를 떼어 붙이세요.

❶    **❷**    **❸**

재미있는 한자 이야기

숫자에 담겨있는 한자의 의미를 살펴보고 예쁘게 써 보아요.

一   하나 일 '가로로 길게 한 획 그은 한 일'

二   두 이 '나뭇가지 두 개, 두 이'

三   석 삼 '나뭇가지 세 개, 석 삼'

四   넉 사 '넓은 땅을 4개로 나누어요, 넉 사'

五   다섯 오 '하늘과 땅 사이의 힘, 다섯 오'

六   여섯 육 '첫 머리를 6일로 나눈 여섯 육'

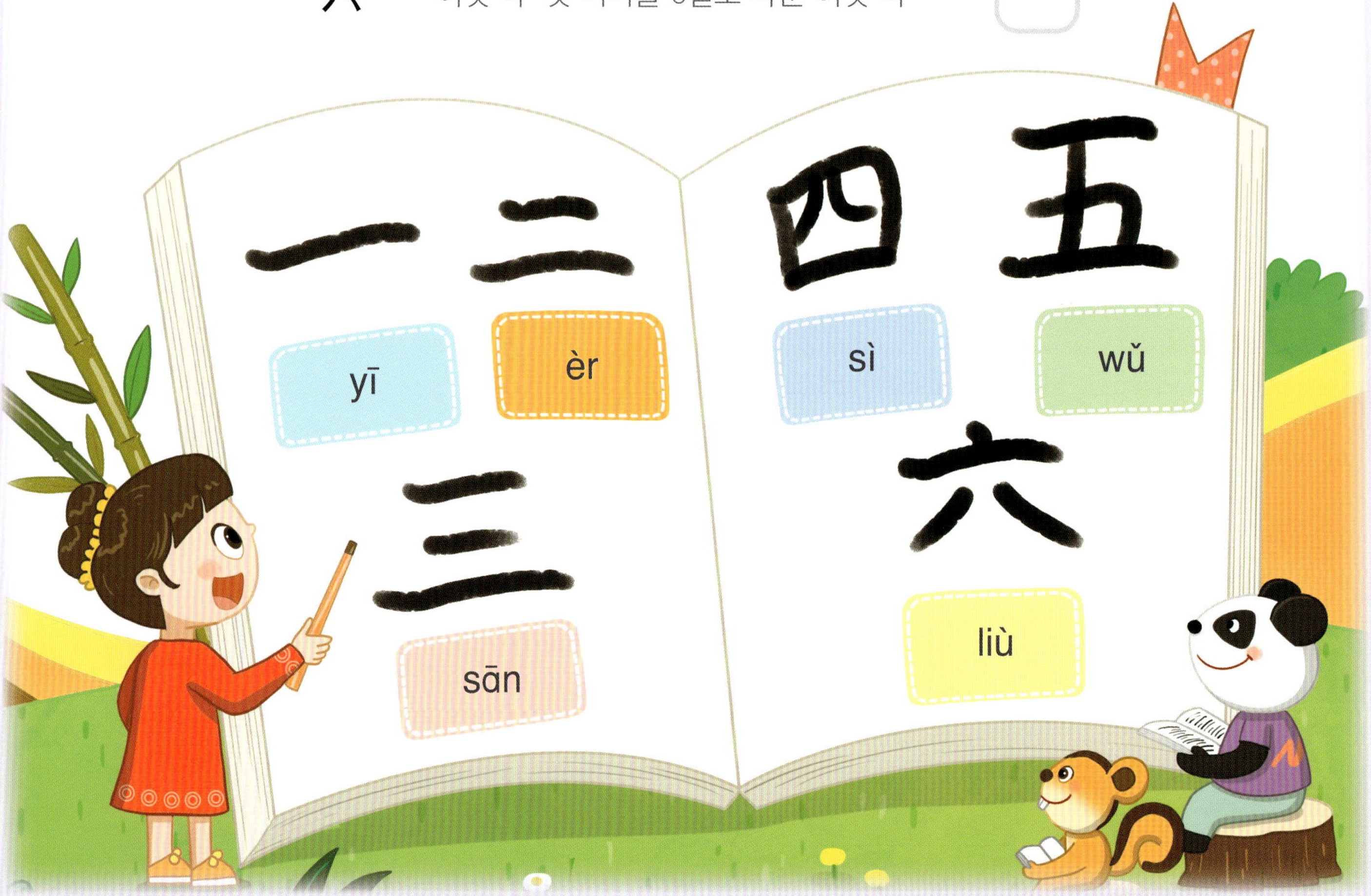

一 yī   二 èr   三 sān   四 sì   五 wǔ   六 liù

Zhè shì píngguǒ

这是苹果 이건 사과야

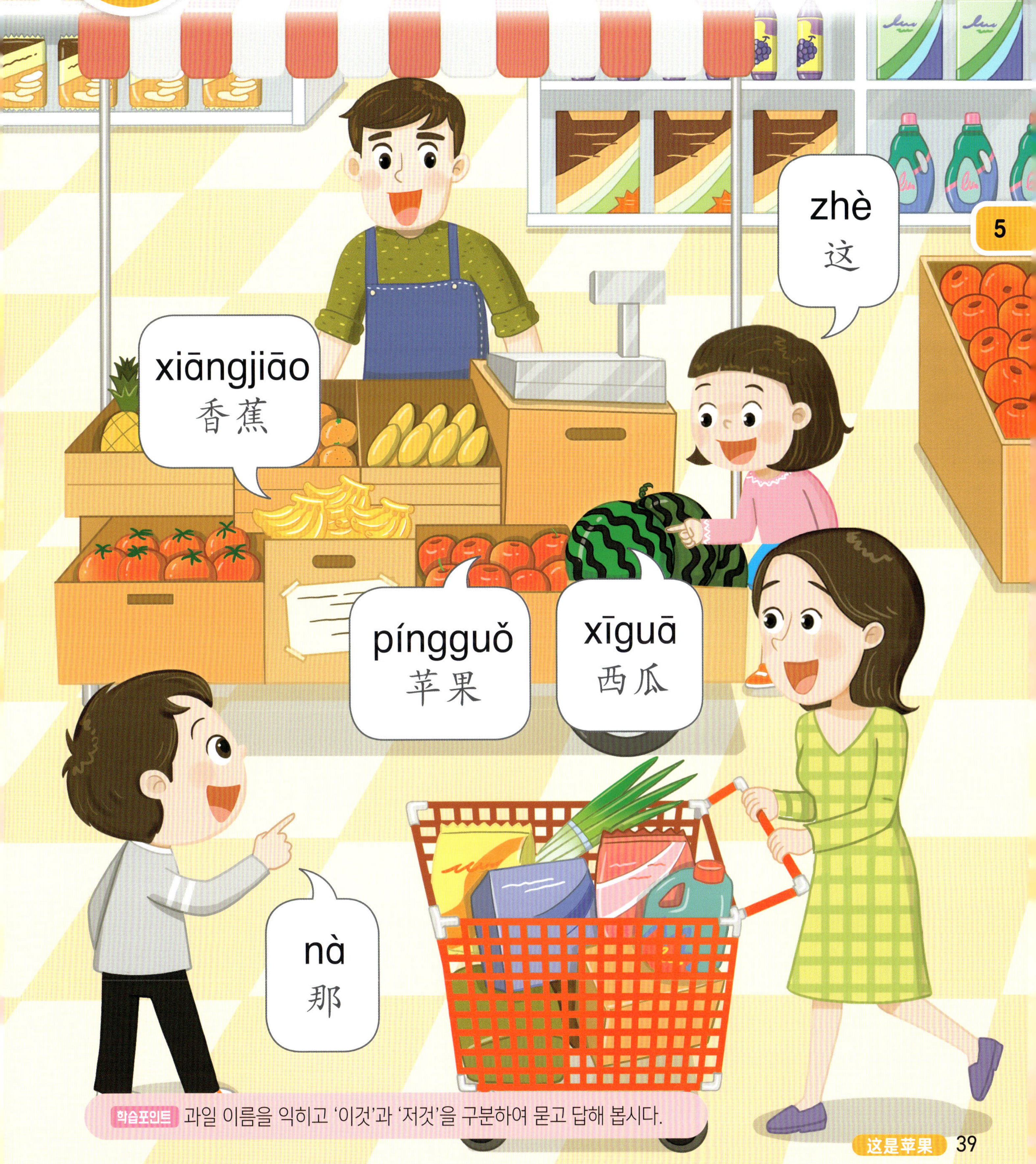

zhè
这

5

xiāngjiāo
香蕉

píngguǒ
苹果

xīguā
西瓜

nà
那

학습포인트 과일 이름을 익히고 '이것'과 '저것'을 구분하여 묻고 답해 봅시다.

❶ Mā, zhè shì píngguǒ ma?

❷ Duì, nà shì píngguǒ.

Mā   zhè shì píng guǒ ma?
妈, 这是苹果吗?   엄마, 이건 사과예요?

Duì,   nà shì píng guǒ.
对, 那是苹果。   맞아, 그건 사과야.

❸ Nà shì xīguā ma?

❹ Bù, zhè shì tiánguā.

Nà shì xī guā ma?
那 是 西 瓜 吗?　그건 수박이에요?

Bù, zhè shì tián guā.
不, 这 是 甜 瓜。　아니야, 이건 멜론이야.

단어

这 zhè 이, 이것
苹果 píngguǒ 사과
那 nà 그/저, 그것/저것
西瓜 xīguā 수박
不 bù 아니다
甜瓜 tiánguā 멜론

这是苹果　41

shuō yi shuō
说一说 말해 보아요

'这 zhè'와 '那 nà'는 물건을 가리킬 때 사용하는 말입니다. 가까운 것을 가리킬 때는 '这 zhè', 먼 곳에 있는 것을 가리킬 때는 '那 nà'를 사용해요.

甜瓜 tiánguā 멜론	西瓜 xīguā 수박	葡萄 pútao(táo) 포도
香蕉 xiāngjiāo 바나나	苹果 píngguǒ 사과	草莓 cǎoméi 딸기

이건 뭐야?
Zhè shì shénme?

그건 수박이야.
Nà shì xīguā.

Zhè shì shén me?
这是什么?

Nà shì xī guā.
那是西瓜。

chàng yi chàng
唱一唱 불러 보아요

Zhè shì shén me?
这 是 什 么?

Zhè shì shén me?
这 是 什 么?

Zhè shì xiāng jiāo.
这 是 香 蕉。

Nà shì shén me?
那 是 什 么?

Nà shì píng guǒ.
那 是 苹 果。

Zhè shì shén me?
这 是 什 么?

Zhè shì xī guā.
这 是 西 瓜。

Xī guā, xiāngjiāo, píngguǒ dōu hǎo chī.
西 瓜 、香 蕉 、苹 果 都 好 吃。

이건 뭐야? 이건 바나나야.

저건 뭐야? 저건 사과야.

이건 뭐야? 이건 수박이야.

수박, 바나나, 사과 모두 맛있어.

단어

都 dōu 모두
好吃 hǎo chī 맛있다

• 'You are my sunshine' 노래에 맞추어 신나게 불러 보아요.

좋아하는 과일 찾기 게임

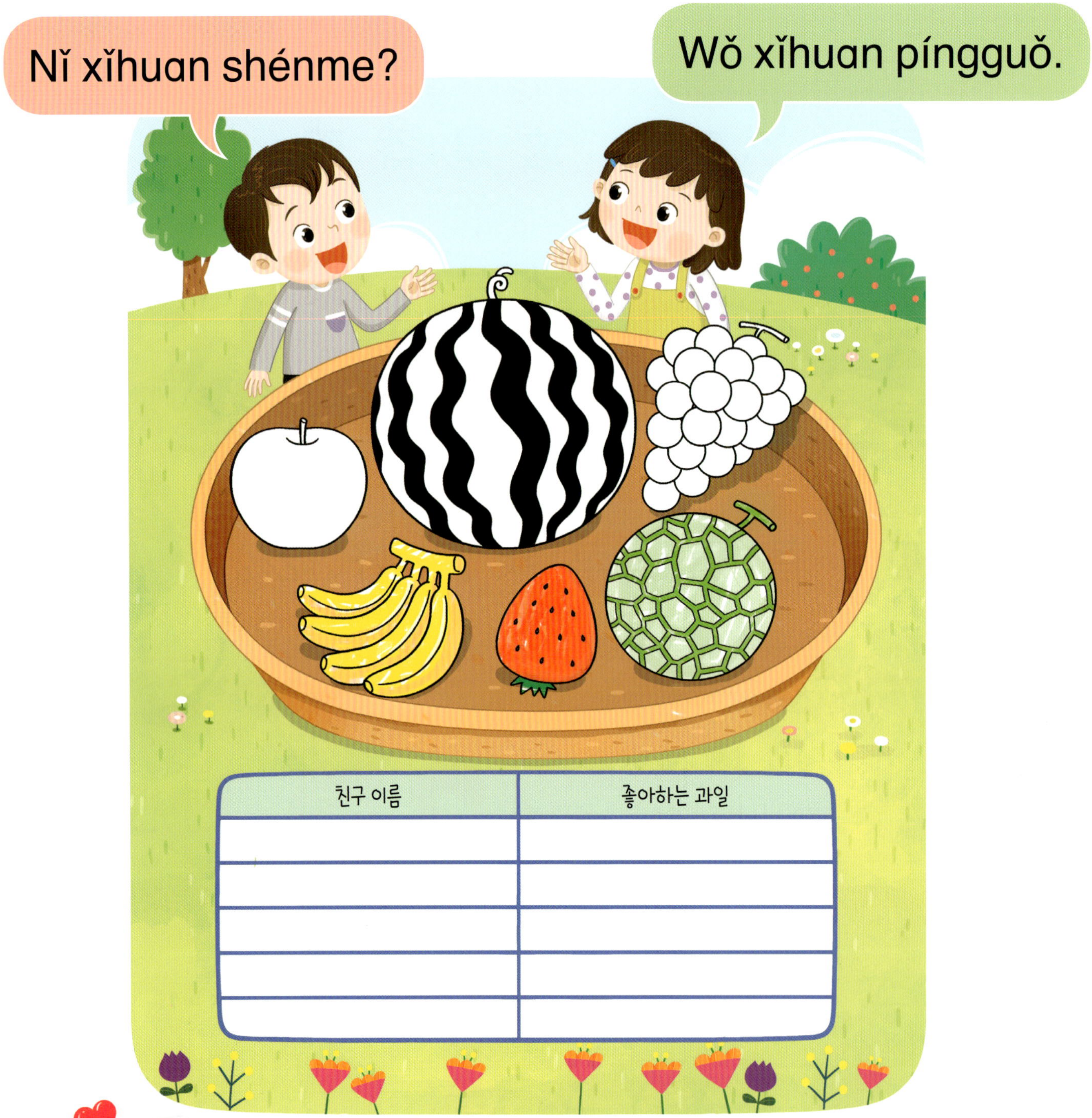

Nǐ xǐhuan shénme?

Wǒ xǐhuan píngguǒ.

친구 이름	좋아하는 과일

놀이 방법

좋아하는 과일을 색칠해 보아요. 친구들은 어떤 과일을 좋아할까요?
친구가 무슨 과일을 좋아하는지 물어보고 빈칸에 써 보세요.

단어

喜欢 xǐhuan 좋아하다

  25

① 빈칸에 들어갈 병음을 채워 문장을 완성하세요.

❶  Zhè [_____] píngguǒ.

❷  Nà shì [_____].

보기

Zhè
xīguā
shì

❸  [_____] shì shénme?

② 대화문을 보고 빈칸을 채워 문장을 완성하세요.

A: Nǐ xǐhuan shénme?
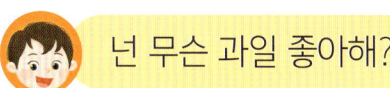 넌 무슨 과일 좋아해?

B: Wǒ xǐhuan _____.
 수박 좋아해.

③ 잘 듣고 좋아하는 과일스티커를 붙이세요.

❶

❷

❸

과일 사탕 '탕후루'를 아시나요?

달콤한 과일 디저트라 할 수 있는 탕후루는 베이징 지역을 대표하는 중국 전통 간식의 하나로 원래는 송나라 황궁의 음식이었대요. 처음에는 산사나무 열매를 꼬치에 꿰어 시럽을 바른 다음 딱딱하게 굳혀서 먹었는데 요즘은 딸기, 파인애플, 키위, 포도 등의 과일이 인기랍니다. 우리나라에도 차이나타운이나 주요 관광지의 길거리에서 쉽게 볼 수 있어요. 유리처럼 반짝반짝

빛나는 탕후루를 아사삭 한 입 베어물면 입안에서 과일즙이 톡하고 터져요. 그 맛을 한 번 상상해 보고 예쁘게 색칠해 보세요.

xué yi xué 学一学 배워 보아요

❶ Shénme yánsè hǎo kàn?

❷ Hóngsè hǎo kàn.

Shén me yán sè hǎo kàn?
什么颜色好看？   무슨 색이 예쁘니?

Hóng sè hǎo kàn.
红色好看。   빨간색이 보기 좋아요.

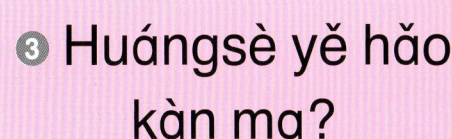
❸ Huángsè yě hǎo kàn ma?

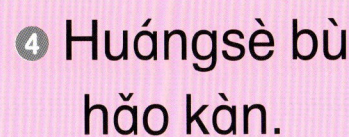
❹ Huángsè bù hǎo kàn.

 27

6

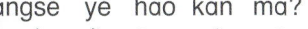 Huángsè yě hǎo kàn ma?
黄色也好看吗？　　노란색도 괜찮니?

 Huángsè bù hǎo kàn.
黄色不好看。　　노란색은 별로예요.

단어
颜色 yánsè 색, 색깔
好看 hǎo kàn 보기 좋다, 예쁘다
红色 hóngsè 빨간색
黄色 huángsè 노란색

'好 hǎo'가 들어간 다양한 표현들을 익혀 보아요.

好 hǎo + 看 kàn = 好看 hǎokàn   보기 좋다, 예쁘다
好 hǎo + 吃 chī = 好吃 hǎochī   맛있다
好 hǎo + 听 tīng = 好听 hǎotīng   듣기 좋다

정말 예뻐.
Zhēn hǎo kàn.

정말 맛있어.
Zhēn hǎo chī.

정말 듣기 좋아.
Zhēn hǎo tīng.

Zhēn hǎo kàn.
 真好看。

Zhēn hǎo chī.
 真好吃。

Zhēn hǎo tīng.
 真好听。

단어
吃 chī 먹다

 29

Hóng lǜ dēng
红 绿 灯

Hóng lǜ dēng méi zuǐ ba néng shuō huà.
红 绿 灯 没 嘴 巴 能 说 话。

Lǜ dēng liàng kuài kuài zǒu.
绿 灯 亮 快 快 走。

Hóng dēng liàng dōu tíng yí xià.
红 灯 亮 都 停 一 下。

6

신호등은 입이 없어도 말을 해요.
녹색불이 켜지면 어서 어서 가세요.
빨간불이 켜지면 모두 모두 멈춰요.

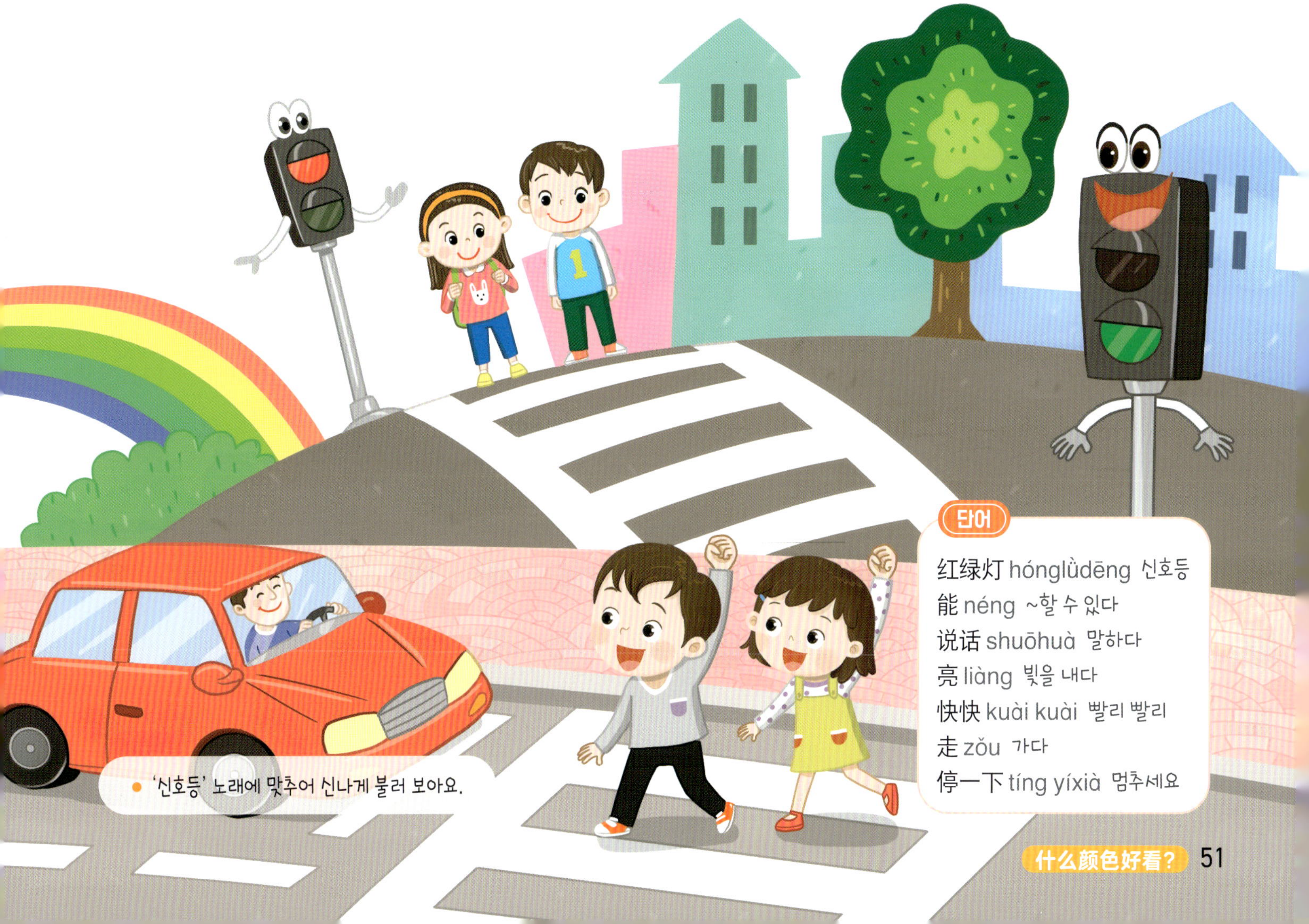

• '신호등' 노래에 맞추어 신나게 불러 보아요.

단어

红绿灯 hónglǜdēng 신호등
能 néng ~할 수 있다
说话 shuōhuà 말하다
亮 liàng 빛을 내다
快快 kuài kuài 빨리 빨리
走 zǒu 가다
停一下 tíng yíxià 멈추세요

什么颜色好看? 51

yìqǐ wǎnr
一起玩儿 함께 놀아요

애벌레 색칠놀이

놀이 방법

애벌레를 번호에 맞게 예쁘게 색칠해요.

표시가 되지 않은 곳은 자유롭게 색칠해서 애벌레를 꾸며 보세요.

1	2	3
hóngsè	lánsè	huángsè

단어

蓝色 lánsè 파란색

zuò yi zuò
做一做 풀어 보아요

1 그림과 문장이 일치하면 ○표, 그렇지 않으면 X표 하세요.

1 Hóngsè hǎo kàn.

2 Wǒ xǐhuan hóngsè.

3 Huángsè bù hǎo kàn.

6

2 오성홍기에 있는 두 가지 색을 찾아 병음으로 써 보세요.

3 잘 듣고 남자 아이가 좋아하는 색깔을 고르세요.

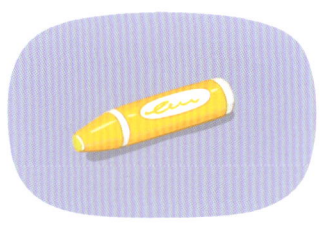  

중국인들의 빨간색 사랑

여러분은 '빨간색' 하면 어떤 것이 떠오르나요?

빨간색은 정열을 상징하는 색깔로 많이 알려져 있습니다. 빨간색을 선호하는 나라는 중국, 인도, 태국, 시리아, 스위스, 필리핀 등으로 알려져 있어요. 반대로 빨간색을 선호하지 않는 나라도 있는데, 대표적인 나라로 독일, 나이지리아 등입니다. 이들 나라에서는 빨간색이 불운과 부정적인 의미를 상징하기 때문이라고 해요.

중국인들은 예로부터 빨간색을 좋은 색으로 여겼답니다. 설날에 어른들이 세뱃돈을 주실 때에도 반드시 빨간색 봉투(红包 hóngbāo)에 넣어서 주시곤 한답니다.

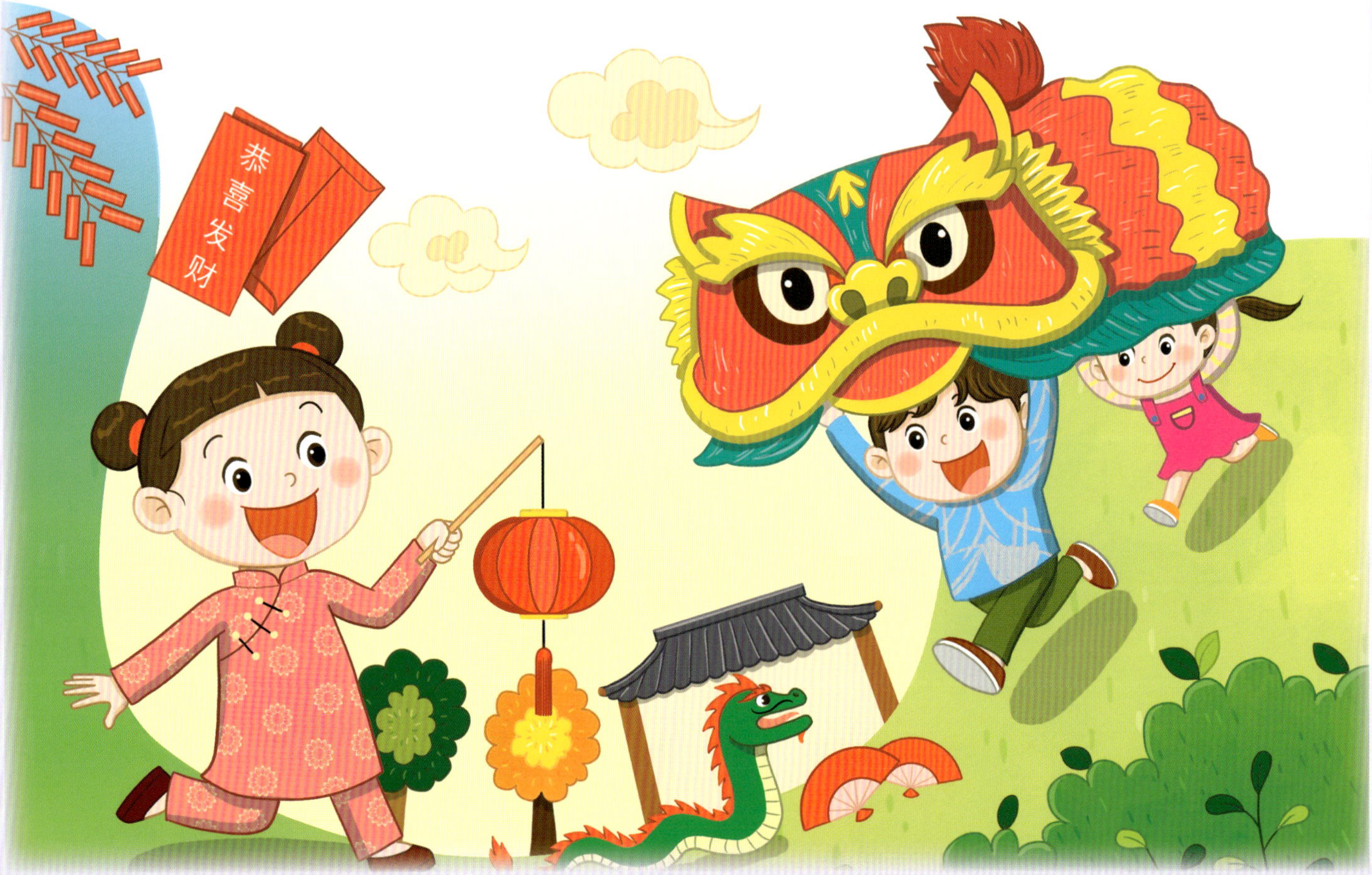

Xiàn zài jǐ diǎn?

현재 几点? 지금 몇 시야?

shí'èr diǎn
十二点

shí yī diǎn
十一点

yī diǎn
一点

shí diǎn
十点

liǎng diǎn
两点

jiǔ diǎn
九点

sān diǎn
三点

bā diǎn
八点

sì diǎn
四点

wǔ diǎn
五点

qī diǎn
七点

liù diǎn
六点

학습포인트 몇 시인지 묻고 답하는 표현을 배워 봅시다.

❶ Xiànzài jǐ diǎn?

❷ Xiànzài liǎng diǎn.

Xiàn zài jǐ diǎn?
现在几点? 지금 몇 시야?

Xiàn zài liǎng diǎn.
现在两点。 지금 두 시야.

Nǐ jǐ diǎn huí jiā?
你几点回家？　넌 몇 시에 집에 갈 거야?

Wǒ sān diǎn huí jiā.
我三点回家。　난 세 시에 집에 갈 거야.

단어
现在 xiànzài 지금
点 diǎn ~시
两点 liǎng diǎn 두 시

'오전' '오후'와 같은 표현을 익히고,
몇 시인지 묻고 답해 보아요.

몇 시예요?
Xiànzài jǐ diǎn?

지금 오후 두 시야.
Xiànzài xiàwǔ liǎng diǎn.

上午 shàngwǔ 오전

中午 zhōngwǔ 낮, 정오

下午 xià wǔ 오후

Xiàn zài jǐ diǎn?
现在几点?

Xiàn zài xià wǔ liǎng diǎn.
现在下午两点。

단어

上午 shàngwǔ 오전
中午 zhōngwǔ 낮, 정오
下午 xiàwǔ 오후

chàng yi chàng
唱一唱 불러 보아요

 34

Xiàn zài jǐ diǎn?
现 在 几 点？

Xiàn zài xiàn zài jǐ diǎn?
现 在 现 在 几 点？

Liǎng diǎn liǎng diǎn.
两 点 两 点。

Xiàn zài xiàn zài jǐ diǎn?
现 在 现 在 几 点？

Xià wǔ liǎng diǎn.
下 午 两 点。

지금, 지금 몇 시야?

두 시, 두 시야.

지금, 지금 몇 시야?

오후 두 시야.

7

● '런던다리' 노래에 맞추어 신나게 불러 보아요.

现在几点? 59

yìqǐ wǎnr
一起玩儿 함께 놀아요   나의 하루 일과표 만들기

● 그림을 보고 자신의 일과에 맞는 시각을 그려서 나의 하루 일과표를 완성해 보세요.

일어나요 qǐchuáng

밥을 먹어요 chīfàn

등교해요 shàngxué

집에 가요 huíjiā

TV를 봐요 kàn diànshì

잠을 자요 shuìjiào

단어

起床 qǐchuáng 일어나다   吃饭 chīfàn 밥을 먹다   电视 diànshì TV   睡觉 shuìjiào 잠을 자다

① 그림을 보고 빈칸에 들어갈 병음을 써 넣으세요.

1

A: Xiànzài jǐ diǎn?

B: Xiànzài _____ diǎn.

2

A: Xiànzài jǐ diǎn?

B: Xiànzài _____ diǎn.

7

② 문장을 읽고 알맞은 시계 스티커를 붙이세요.

Wǒ sān diǎn huíjiā.

Wǒ wǔ diǎn huíjiā.

③ 잘 듣고 시계 바늘을 그려 넣으세요.

1   **2**   **3** **4**

중국 친구의 학교 생활

중국의 학교는 9월에 신학기가 시작돼요. 중국의 초등학교 학생들은 활동하기 편한 운동복 형태의 교복을 주로 입어요.

점심시간이 우리나라보다 훨씬 길어서 식사 후에 낮잠을 자거나 휴식을 취하는 학생들이 많아요. 학교 일과 중에는 눈 건강을 위하여 눈 운동 시간이 따로 있는 곳도 있으며 운동장에 다 함께 모여 단체 체조를 하기도 해요.

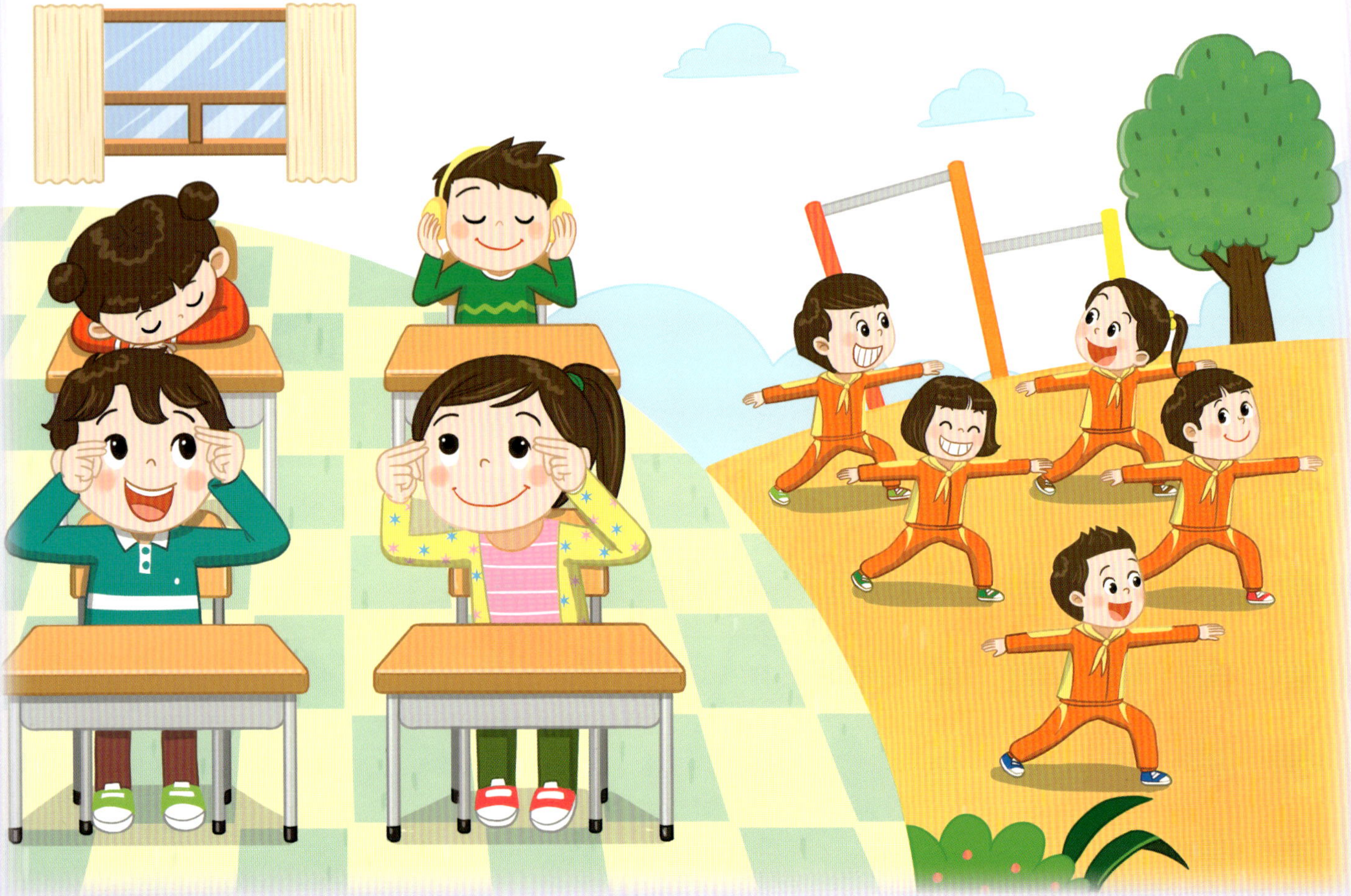

Shéi de wěiba?

谁的尾巴？ 누구의 꼬리일까?

wěiba
尾巴

xiǎomāo
小猫

xiǎozhū
小猪

xiǎogǒu
小狗

xiǎotùzi
小兔子

8

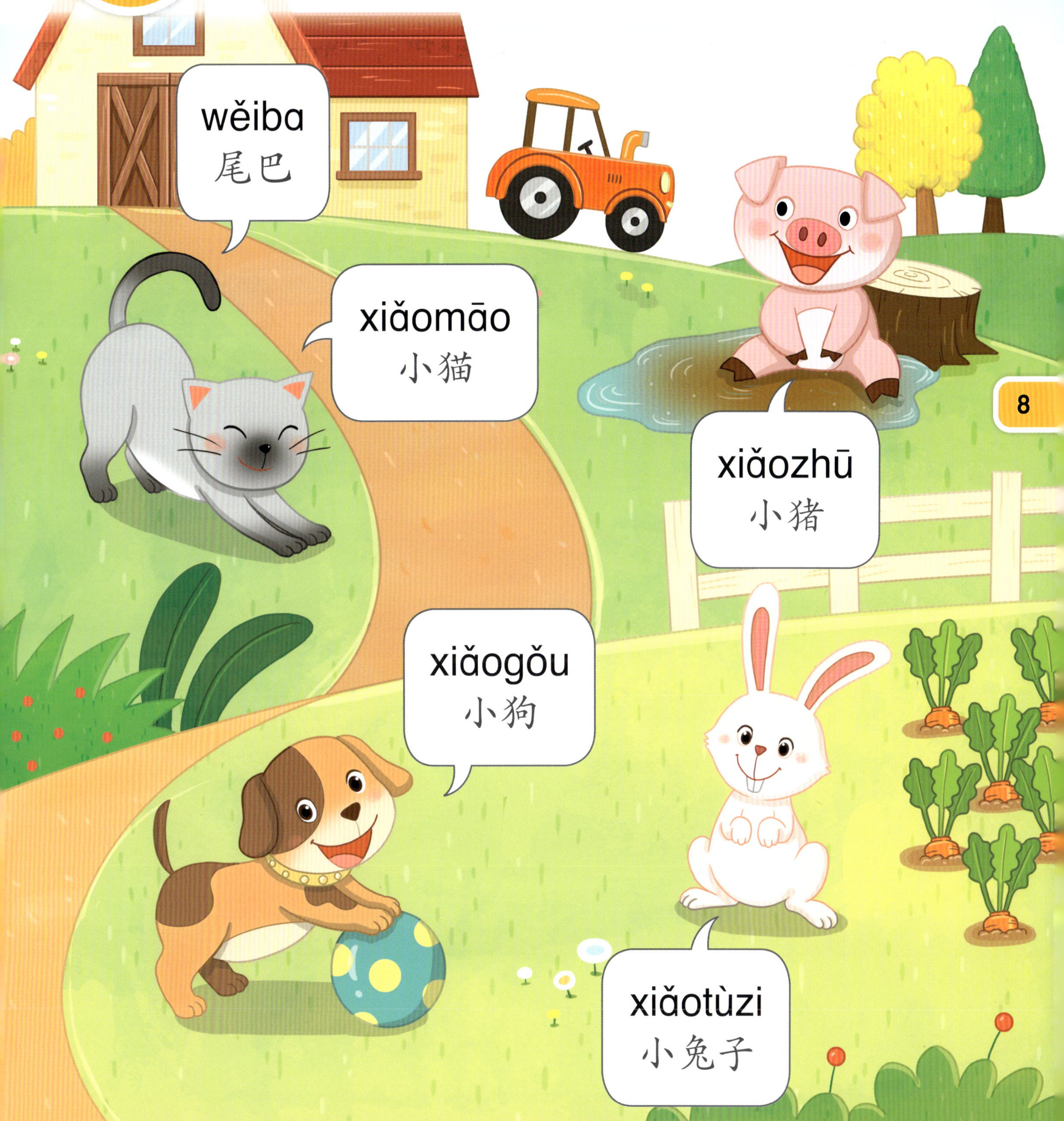

학습포인트 동물의 이름을 배운 다음, 꼬리를 보고 어떤 동물인지 말해 봅시다.

동물 이름을 익혀 봅시다.

❶ Shéi de wěiba, cāicāi kàn!

❷ Shì xiǎogǒu ma?

Shéi de wéi ba, cāi cāi kàn!
谁的尾巴，猜猜看！　　누구의 꼬리일까? 알아맞혀 봐!

Shì xiǎo gǒu ma?
是小狗吗？　　　　　강아지야?

③ Búduì búduì, zài cāicāi!

④ Yuánlái shì xiǎomāo.

Bú duì bú duì, zài cāi cāi!
不对 不对，再猜猜！　　아니야, 아니야, 다시 맞혀 봐!

Yuán lái shì xiǎo māo.
原来是小猫。　　알고 보니 고양이였구나.

단어
尾巴 wěiba 꼬리
猜猜看 cāicāikàn 알아맞히다
小狗 xiǎogǒu 강아지
不对 búduì 틀렸다
原来 yuánlái 알고 보니
小猫 xiǎomāo 고양이

shuō yi shuō
说一说 말해 보아요

'小'(xiǎo)는 몸집이 작고 귀여운 동물을 표현할 때 써요.

누구의 꼬리일까?
Shéi de wěiba?

小猫
xiǎomāo

小狗
xiǎogǒu

小猪
xiǎozhū

小兔子
xiǎotùzi

Shéi de wěi ba?
谁 的 尾 巴?

Shéi de wěi ba?　Shéi de wěi ba?
谁 的 尾 巴? 谁 的 尾 巴?

Cāi cāi kàn!　Cāi cāi kàn!
猜 猜 看! 猜 猜 看!

Xiǎogǒu?　Bú duì!
小 狗? 不 对!

Xiǎomāo?　Bú duì!
小 猫? 不 对!

Zài cāi cāi!　Zài cāi cāi!
再 猜 猜! 再 猜 猜!

누구의 꼬리일까? 누구의 꼬리일까?

알아맞혀 봐! 알아맞혀 봐!

강아지? 틀렸어!

고양이? 틀렸어!

다시 맞혀 봐! 다시 맞혀 봐!

8

'동물 흉내' 노래에 맞춰 불러 보아요.

yìqǐ wánr
一起玩儿 함께 놀아요
누구의 꼬리일까?

● 아래 동물을 예쁘게 색칠하고 각 동물의 꼬리 스티커를 붙여 보세요.

① 그림을 보고 빈칸에 공통으로 들어가는 병음을 바르게 쓰세요.

_____ gǒu

_____ māo

_____ tùzi

보기   x   o   ǎ   i

8

② '고양이였네'라는 뜻이 되도록 병음 스티커를 떼어 붙이세요.

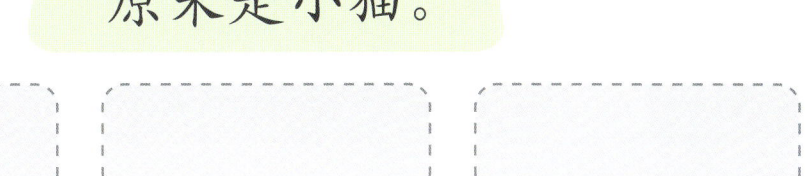

原来是小猫。

③ 잘 듣고 맞으면 ○, 틀리면 X표 하세요.

❶   ❷   ❸

谁的尾巴? 69

판다의 하루

언제 보아도 귀엽고 사랑스러운 판다는 중국에서만 사는 동물입니다.

판다는 하루 중 잠자는 시간을 뺀 나머지 시간을 주로 대나무를 먹으면서 보낸대요. 하루에 12kg 정도의 대나무를 먹어 치운다고 합니다. 혼자 먹고, 둘이서 먹고, 여럿이 먹고, 먹고 또 먹고. 냠냠판다의 하루는 대부분 대나무를 먹는 시간으로 채워져 심심한 하루를 보낼 것 같 아요. 판다는 현재 멸종 위기에 있는 희귀 동물로 지정되어 있어요. 중국의 쓰촨 지역에 있는 자이언트 판다 구역은 2006년 유네스코에서 세계자연유산으로 지정하였어요.

熊猫

xióngmāo

부록

연습문제 정답

단어표

연습문제 정답

第一课 13쪽

1.

① 몇 월 며칠이야?
   Jǐ yuè jǐ hào?

② 어린이날
   Értóng jié

③ 明天 내일
   míng tiān

2. ① jīntiān | sān | yuè | bā | hào

3. ① 五月三号 ✕   ② 五月五号 ◯

듣기스크립트

1. 今天五月四号。Jīntiān wǔ yuè sì hào.
2. 儿童节五月五号。Értóngjié wǔ yuè wǔ hào.

第二课 21쪽

1.

Hán guó — Hán guó rén

Zhōng guó — Zhōng guó rén

Rì běn — Rì běn rén

2. ① Nǐ shì Hánguórén ma?　　　　넌 한국인이니?
   ② Wǒ yě shì Hánguórén.　　　　우리 엄마는 중국인이야.
   ③ Wǒ māma shì Zhōngguórén.　　나도 한국인이야.

3.

   ① Hánguórén　② Zhōngguórén　③ Měiguórén

듣기스크립트

1. 我是韩国人。Wǒ shì Hánguórén.
2. 我是中国人。Wǒ shì Zhōngguórén.
3. 我是美国人。Wǒ shì Měiguórén.

第三课 29쪽

1. ① Nǐ | qù | nǎr
   ② Wǒ | huí | jiā
   ③ Wǒ | qù | xuéxiào

2. 병음 huí jiā 뜻: 집에 가다

3.

   ① ◯　② ✕　③ ◯

듣기스크립트

1. A: 你去哪儿？ Nǐ qù nǎr?
   B: 我去公园。Wǒ qù gōngyuán.
2. A: 你妈妈去哪儿？ Nǐ māma qù nǎr?
   B: 我妈妈去书店。Wǒ māma qù shūdiàn.
3. A: 你去哪儿？ Nǐ qù nǎr?
   B: 我去超市。Wǒ qù chāoshì.

第四课 37쪽

1. ❶ 무슨 요일이야?

x [ī] ng q [ī] j [ǐ] ?

❷ 수요일이야.

X [ī] ng q [ī] s [ā] n.

❸ 학교에 안 가.

Bú qù xu [é] xiào.

2. Míngtiān **xīngqīsì** .

3. ❶ 星期六 ❷ 星期五 ❸ 星期天

듣기스크립트

1. 오늘은 토요일이야.
2. 오늘은 금요일이야.
3. 오늘은 일요일이야.

第五课 45쪽

1. ❶  Zhè **shì** píngguǒ.

❷ Nà shì **xīguā**

❸ **Zhè** shì shénme?

2. Wǒ xǐhuan **xīguā** .

3. ❶ ❷ ❸

듣기스크립트

1. A: 你喜欢什么？ Nǐ xǐhuan shénme?
   B: 我喜欢苹果。 Wǒ xǐhuan píngguǒ.
2. A: 你喜欢什么？ Nǐ xǐhuan shénme?
   B: 我喜欢西瓜。 Wǒ xǐhuan xīguā.
3. A: 你喜欢什么？ Nǐ xǐhuan shénme?
   B: 我喜欢香蕉。 Wǒ xǐhuan xiāngjiāo.

第六课 53쪽

1. ❶ X
   ❷ O
   ❸ X

2. h ó n g s è
   h u á n g s è

3. ☐ ☐ V

듣기스크립트

1. A: 你喜欢什么颜色？
   Nǐ xǐhuan shénme yánsè?
   B: 我喜欢蓝色。
   Wǒ xǐhuan lánsè.

第七课　61쪽

1. ❶ A: Xiànzài jǐ diǎn?

   B: Xiànzài **liǎng** diǎn.

   ❷ A: Xiànzài jǐ diǎn?

   B: Xiànzài **liù** diǎn.

2.

Wǒ sān diǎn huíjiā.　　Wǒ wǔ diǎn huíjiā.

❶ 　❷ 　❸ 　❹

듣기스크립트

1. 三点 sān diǎn
2. 两点 liǎng diǎn
3. 七点 qī diǎn
4. 四点 sì diǎn

第八课　69쪽

1.

xiǎo gǒu　　xiǎo māo　　xiǎo tùzi

2. yuánlái　　shì　　xiǎomāo

3.

❶ 　❷ 　❸

X　　O　　O

듣기스크립트

1. 这是小狗的尾巴。

   Zhè shì xiǎogǒu de wěiba.

2. 这是小兔子的尾巴。

   Zhè shì xiǎotùzi de wěiba.

3. 这是小猪的尾巴。

   Zhè shì xiǎozhū de wěiba.

종합평가 ⑴ 1과- 4과 정답

1. ② 2. ③ 3. ③ 4. ①

5.  Yìndù

6. Měiguó

7. Zhōngguó

8. Hánguó

9. ① 10. ③ 11. ① 12. ② 13. ②

14. ① 15. ③

종합평가 ⑵ 5과- 8과 정답

1. ② 2. ③ 3. ① 4. ③ 5. ②

6. X 7. O 8. X 9. ② 10. ②

11. ① 12. ① 13. ① 14. ① 15. ②

뽀포모포 말하기 2 단어표

제 1 과

今天	jīntiān	오늘
几	jǐ	몇
月	yuè	월
号	hào	일(날짜)
那	nà	그러면, 그렇다면
儿童节	Értóngjié	어린이날
吧	ba	추측이나 의문을 나타냄
对	duì	맞다

제 2 과

韩国人	Hánguórén	한국인
中国人	Zhōngguórén	중국인
美国人	Měiguórén	미국인
印度人	Yìndùrén	인도인
日本人	Rìběnrén	일본인

제 3 과

去	qù	~에 가다
哪儿	nǎr	어디(어느 곳)
公园	gōngyuán	공원
一起	yìqǐ	같이
吧	ba	~하자(권유)
要	yào	~해야 한다
回家	huíjiā	집에 가다
好的	hǎode	좋아
图书馆	túshūguǎn	도서관
学校	xuéxiào	학교
书店	shūdiàn	서점
超市	chāoshì	슈퍼마켓

제 4 과

星期	xīngqī	요일
星期六	xīngqīliù	토요일
玩儿	wánr	놀다

제 5 과

这	zhè	이, 이것
苹果	píngguǒ	사과
那	nà	그/저, 그것/저것
西瓜	xīguā	수박
不	bù	아니다
甜瓜	tiánguā	멜론
葡萄	pútao(táo)	포도
香蕉	xiāngjiāo	바나나
草莓	cǎoméi	딸기
喜欢	xǐhuan	좋아하다

제 6 과

颜色	yánsè	색, 색깔
好看	hǎo kàn	보기 좋다, 예쁘다
红色	hóngsè	빨간색
黄色	huángsè	노란색
吃	chī	먹다
蓝色	lánsè	파란색

제 7 과

现在	xiànzài	지금
点	diǎn	~시
两点	liǎng diǎn	두 시
上午	shàngwǔ	오전
中午	zhōngwǔ	낮, 정오
下午	xiàwǔ	오후
起床	qǐchuáng	일어나다
吃饭	chīfàn	밥을 먹다
电视	diànshì	TV
睡觉	shuìjiào	잠을 자다

제 8 과

尾巴	wěiba	꼬리
猜猜看	cāicāikàn	알아맞히다
小狗	xiǎogǒu	강아지
不对	búduì	틀렸다
原来	yuánlái	알고 보니
小猫	xiǎomāo	고양이
小猪	xiǎozhū	돼지
小兔子	xiǎotùzi	토끼

신한미

"쎈라오스~~"

학생들이 수업 시간에 이렇게 선생님을 부르며 찾아줄 때 가장 행복하다고 해요.

쎈라오스는 부산대학교에서 중어중문학을 전공하고 한국방송통신대학원 실용중국어학과에서 석사학위를 받았어요.

염경초, 유석초, 등원초에서 어린이들에게 중국어를 가르쳤고, 현재는 서울 예일초등학교에서 중국어 교과전담 교사로 재직 중이며, 네이버카페 '친구들아 중국어랑 놀자'를 운영하고 있어요.

주요 저서로 <뽀포모포 어린이 중국어 발음>(1~2권), <뽀포모포 어린이 중국어 단어>(1~2권) 제이플러스, <착 붙는 新HSK 실전모의고사 1급>, <하오빵 新HSK 실전모의고사 1급> 시사중국어사 등이 있으며, '다중지능이론에 기반한 어린이 중국어 수업 연구(2018)'라는 제목으로 논문을 발표했어요.

뽀포모포 어린이 중국어 말하기 ❷

개정판 발행 2026년 3월 25일

저자	신한미
발행인	이기선
발행처	제이플러스
디자인	이지숙
삽화	전진희
등록번호	제10-1680호
등록일자	1998년 12월 9일
주소	경기도 고양시 덕양구 향동로 217
구입문의	02-332-8320
내용문의	070-4734-6248
팩스	02-332-8321
홈페이지	www.jplus114.com

ISBN   979-11-5601-320-4

값 17,500원

종합평가 (1) 1과~4과

학반: 이름: 날짜:

1. 선생님이 학생들에게 질문하고 있는 것은 무엇인가요?

(   )

Jīntiān jǐ yuè jǐ hào?

❶ 오늘 날씨 어때요?

❷ 오늘 몇 월 며칠이죠?

❸ 오늘 무슨 요일인가요?

2. 중국어와 뜻이 바르게 연결된 것을 고르세요.

(   )

❶ míngtiān - 오늘

❷ jīntiān - 내일

❸ Jǐ yuè jǐ hào? - 몇 월 며칠이야?

3. 민주가 '그럼 내일은 어린이날이겠네?' 라고 말하고 있어요. '맞아 맞아.' 라고 대답한 친구는 누구인가요?

(   )

Nà míngtiān shì Értóngjié ba?

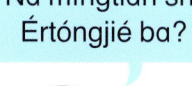

❶ 다애 - nà

❷ 대한 - jǐ yuè

❸ 지명 - duì duì

4. '성탄절'을 중국어로 바르게 표현한 것을 고르세요.

(   )

❶ Shèngdànjié   ❷ Értóngjié   ❸ jīntiān

圣诞节   儿童节   今天

＊전통 의상을 예쁘게 차려 입은 친구들의 나라 이름을 바르게 선으로 연결해 보세요. (5~8)

5.

•   • Yìndù

6.

•   • Měiguó

7.

•   • Zhōngguó

8.

•   • Hánguó

9. 사진 속의 친구는 어느 나라 사람일까요? 빈칸에 들어갈 알맞은 단어를 고르세요.

( )

Tā shì nǎ guórén?
Tā shì _____.

① Rìběnrén ② Zhōngguórén ③ Hánguórén

10. 친구들은 지명이에게 어디에 함께 가자고 말하고 있나요? ( )

Nǐmen qù nǎr? Wǒmen qù gōngyuán.
Yìqǐ qù ba!

① 학교 ② 서점 ③ 공원

11. 지명이가 가고 있는 장소는 어디인가요?( )

① shūdiàn
② gōngyuán
③ chāoshì

12. 다음 중 '난 집에 가'를 중국어로 바르게 옮긴 문장을 고르세요. ( )

① Wǒ qù xuéxiào.
② Wǒ huíjiā.
③ Wǒ qù huíjiā.

13. 오늘은 수요일입니다. 내일은 무슨 요일인가요?

( )

① xīngqīsān ② xīngqīsì ③ xīngqīwǔ

14. 그림의 대화 내용으로 옳은 것을 고르세요.

( )

Míngtiān xīngqī jǐ? Míngtiān xīngqīliù.

① 내일 무슨 요일이야? - 내일은 토요일이야
② 오늘 몇 월 며칠이야? - 오늘 5월 8일이야
③ 난 집에 가야해 - 안녕!

15. '일요일'을 중국어로 바르게 표현한 것을 고르세요.

( )

① xīngqīyī ② xīngqīliù ③ xīngqītiān

점수	/ 15

수고했어요!
辛苦了!
(Xīnkǔle!)

2

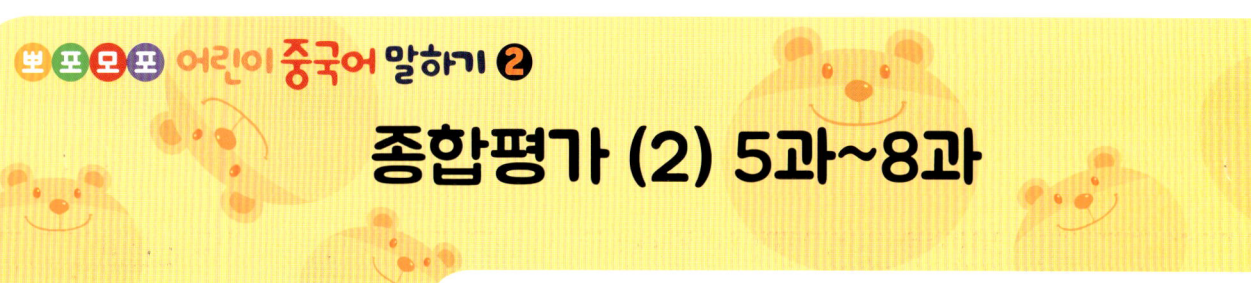
1. 과일 이름을 바르게 말한 친구를 고르세요.　　　　(　)

❶ xiāngjiāo

❷ xīguā

❸ pútao

2. 민주가 '이건 뭐야?' 하고 친구 지명에게 물어요. '그건 수박이야' 하고 지명이가 대답한 것을 고르세요.　　　　(　)

❶ Zhè shì tiánguā.
❷ Nà shì píngguǒ.
❸ Nà shì xīguā.

3. 단어와 병음이 잘못 짝지어진 것을 고르세요.　　　　(　)

❶ 포도 - xīguā
❷ 바나나 - xiāngjiāo
❸ 사과 - píngguǒ

4. 다음 과일 이름을 맞춰 보세요.　　　　(　)

초록색에 검은 세로 줄 무늬가 있어요.

여름에 먹으면 아주 시원해요.

❶ xiāngjiāo　　❷ pútao　　❸ xīguā

5. 안경점에서 지명이는 무슨 색이 좋다고 말하고 있나요?　　　　(　)

Hóngsè hǎo kàn.

❶ 파란색
❷ 빨간색
❸ 노란색

＊그림을 잘 보고 색깔의 병음 표기가 맞으면 ○표, 틀리면 ✕표 하세요.(6~8)

6. hóngsè 　□

7. lánsè 　□

8. huángsè 　□

9. 바르게 해석한 것을 고르세요.　　　　(　)

xià wǔ sān diǎn
下 午 三 点

❶ 오전 열 시　　❷ 오후 세 시　　❸ 오후 두 시

10. 다음 질문에 바르게 대답한 친구는 누구인가요?
( )

Xiànzài jǐ diǎn?

❶ Wǒ qù xuéxiào.

❷ Xiànzài bā diǎn.

❸ 5 yuè 25 hào.

11. 몇 시인지 바르게 표현한 것을 고르세요.
( )

❶ liǎng diǎn　　❷ sān diǎn　　❸ èr diǎn

12. 다음 문장에 어울리는 그림을 고르세요.
( )

Zhēn hǎochī.

❶　　❷

❸　　❹

13. 다음의 노래 가사에 나오는 동물은 무엇인가요?
( )

Xiǎo bái tù xiǎo bái tù
nǐ yào qù nǎ - li?
Bèng bèng tiào tiào pǎo ya pǎo
nǐ yào qù nǎ - li?

❶　　❷　　❸

14. 다음 문장을 바르게 해석한 것을 고르세요.
( )

Búduì búduì, zài cāicāi!

❶ 아니야 아니야, 다시 맞혀봐!
❷ 알고 보니 고양이였구나!
❸ 잘 가, 내일 만나!

15. 대나무를 주로 먹고 사는 동물로 중국에만 사는 귀여운 동물 이름은 무엇일까요? ( )

❶ 호랑이　　❷ 판다　　❸ 캥거루

점수		/ 15

수고했어요!
辛苦了!
(Xīnkǔle!)

4

1과 p.14 월병 만들기

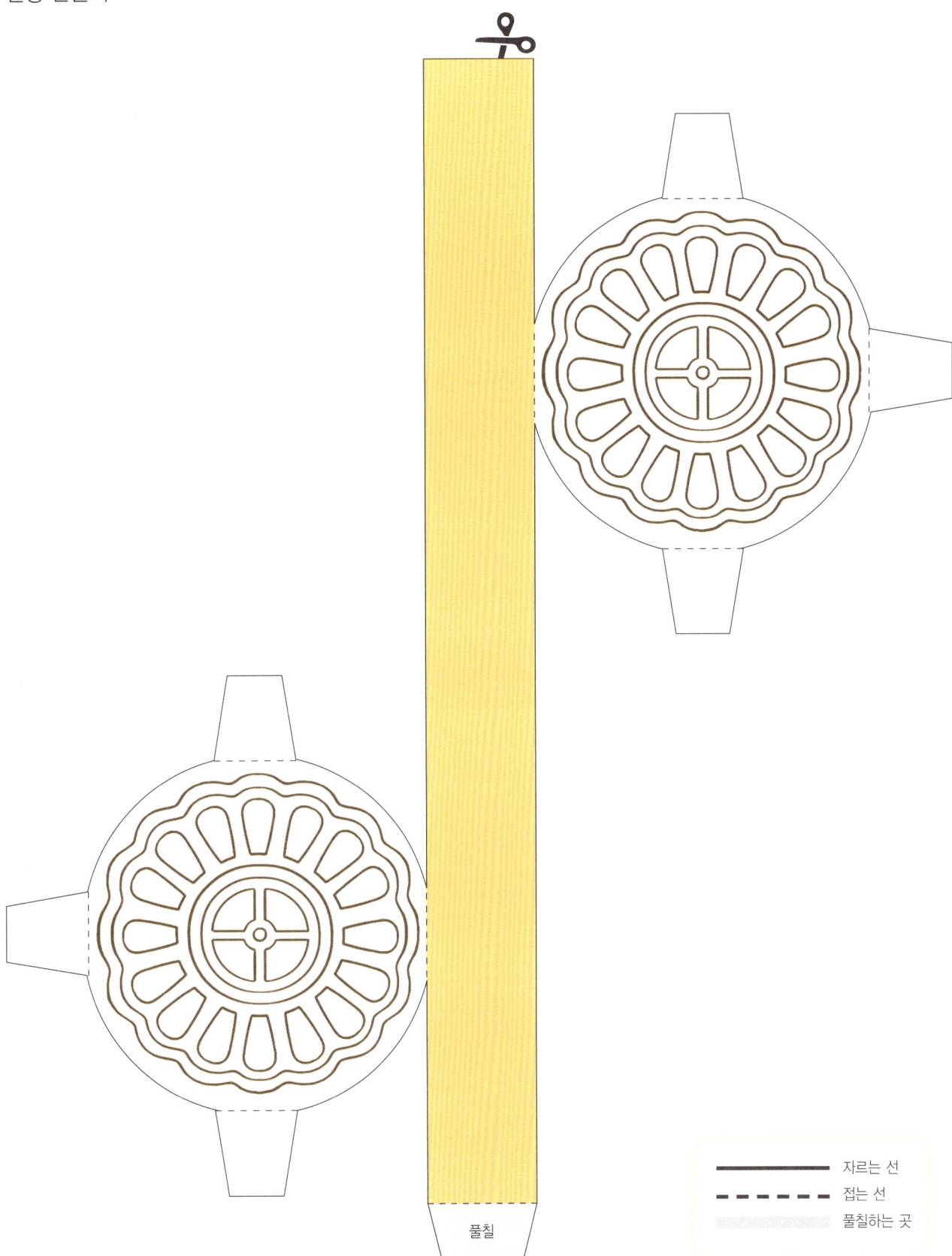

자르는 선
접는 선
풀칠하는 곳

풀칠

2과 p.20 사방치기 놀이

Hánguó	韩国
Měiguó	美国
Zhōngguó	中国
Rìběn	日本
Yìndù	印度

4과 p.36 탱탱볼 게임용 머리띠

풀칠 ❷

星期

풀칠 ❶

풀칠하여 이어 붙이고,
머리띠 길이는 조절해
서 사용하세요.

7과 중국 시계

복습 및 게임 활동 시간에 다양하게 활용하세요.

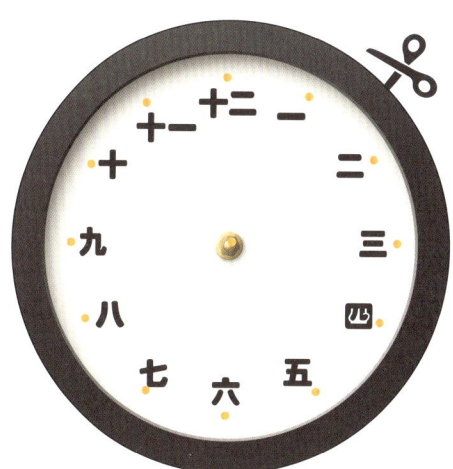

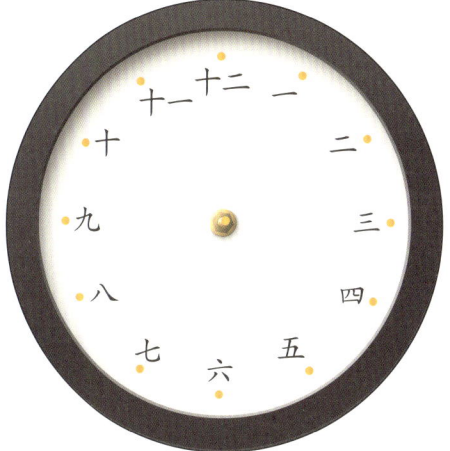

종이컵 손목 시계 만들기

❶ 종이컵을 그림처럼 잘라 손목시계 모양을 만들어요.

❷ 부록의 시계를 오려서 붙이고 예쁘게 꾸며요.

3과 p.28 장소 카드

복습 및 게임활동 시간에 다양하게 활용하세요.

家 jiā	学校 xuéxiào
公园 gōngyuán	超市 chāoshì
书店 shūdiàn	图书馆 túshūguǎn

5과 p.42 과일 카드
복습 및 게임활동 시간에 다양하게 활용하세요.

西瓜 xīguā	苹果 píngguǒ
香蕉 xiāngjiāo	甜瓜 tiánguā
草莓 cǎoméi	葡萄 pútao(táo)

7과 p.60 하루 일과 주사위

복습 및 게임활동 시간에 다양하게 활용하세요.

8과 동물 그림 카드
복습 및 게임활동 시간에 다양하게 활용하세요.

1과 p.13

| jīntiān | sān | hào | yuè | bā |

2과 p.21

4과 p.37

星期六

星期天

星期五

5과 p.45

7과 p.61

8과 p.68

8과 p.69

xiǎomāo

yuánlái

shì